手引のためのガイドブック

神のご計画

―世界の創造から完成まで―

私は神のご計画のすべてを、
余すところなくあなたがたに知らせたからです。

使徒 20:27

聖書を読む会

表紙イメージ：

マルク・シャガール（1887-1985）による作品群のコラージュ
左上より時計回りに：「楽園」「ノアの箱舟」「鳩を放つノア」
「燃える柴の前に立つモーセ」「人間の創造」(部分)「白い磔刑」*

＊シカゴ美術館　それ以外すべてニースの国立マルク・シャガール美術館所蔵
（「聖書のメッセージ」シリーズ）

目 次

ガイドブックの使い方 ……………………………………………………… 1

1課　創 造（創世記1-2章）………………………………………………… 2

2課　人の背き（創世記3章）……………………………………………… 6

3課　ノアの箱舟（創世記6-9章）………………………………………… 7

4課　アブラハムへの三つの約束（創世記12:1-3）………………… 8

5課　エジプト脱出と律法（創世記 - 申命記）………………………… 10

6課　荒野から王制へ（民数記 - 列王記）……………………………… 14

7課　イスラエルの失敗と懲らしめ ……………………………………… 18

8課　メシアによる回復の希望 …………………………………………… 22

9課　捕囚後（エズラ、ネヘミヤ、マカバイ記）……………………… 26

10課　メシアなるイエス …………………………………………………… 28

11課　二分されたユダヤ人と十字架刑……………………………………… 32

12課　つまずきの十字架、復活、大宣教命令…………………………… 34

13課　聖霊によって悟る弟子たち………………………………………… 36

14課　十字架の意味 ………………………………………………………… 40

15課　聖霊により、弟子を通して広がる神の国 ……………………… 44

16課　神の国（良い世界）を広げるキリスト者 ……………………… 46

17課　万物の刷新 …………………………………………………………… 48

18課　おわりに ……………………………………………………………… 50

年表 ………………………………………………………………………… 52

ガイドブックの使い方

　本書は、創世記から黙示録までの聖書全体の流れを概観したものです。手引「救いの基礎」と基本的に同じ内容なので、「救いの基礎」のガイドブックとして使うことができます。また、他の手引の土台ともなっています。

● 使い方

　本書は、個人が全体を通読するものとして作られています。しかし、読書会での話し合いのために、ディスカッションの課題を一例として各課の終わりに記しています。

● カギ括弧と年表

　カギ括弧には引用だけでなく、要約も含まれます。また、全体の流れを示す簡単な年表が巻末にありますので、適時ご参照ください。

● コラム

　まとまった説明がされている用語です。

テーマ	頁
人間と死について	9
旧約聖書続編とマカバイ記	21
ユダヤ戦争	39
神のかたちの回復	39
教会と神の国	42
中間状態	43

● 本書は「聖書 新改訳2017」(以下、新改訳)に準拠しています。

　〔 〕は「聖書 聖書協会共同訳」(以下、共同訳)の表記で、新改訳と大きく違う場合に記しています。

● より詳しく

手引の使い方や、他の手引について詳しく知りたい方は、ウェブサイト(https://syknet.jimdo.com)をご覧ください。

1課　創　造　（創世記 1-2 章）

A　造り主である神と非常に良い世界

　神は、天地万物を無から創造しました。その創造のみ業^{わざ}には順序がありました。先ず大地を造り、それを整えた後に植物を、植物の後に動物を、そして最後に人間を造って世界を治めさせました（1:26-28）。人間が世界を治めることに向けて、神はふさわしい順序ですべてを造ったのです。

　そして神は、人と動物のために食物を備えてくださいました（1:29-30）。神は、子どもを養い慈しむ親のような方です。この神の愛は、聖書全体を貫^{つらぬ}く最も大切なメッセージです。

　神はまた、様々なものを造るたびに「良しと見られ」ました。「ご自分が造ったすべてのものを見られた」ときには「非常に良かった」〔極めて良かった〕（1:31）と言いました。神が造った世界は、秩序があり、美しく、全体として調和^{ちょうわ}がとれた「非常に良」い世界だったのです。

B　神のかたち（像）として造られた人

　非常に良い世界の中で、人だけが「神のかたち（像）」として造られたとあります（1:26-27）。「神のかたち」には三つの面があります。

(1) 神に似せて造られた

　第一の面は、「われわれの似姿^{にすがた}に造ろう」（1:26）とあるように、人が神に似せて造られたことです。では、神はどのような方なのでしょうか。創世記 1 章にある、神を主語とする動詞や、神が造ったものを見ると、神のご性質を想像することができます。

　「創造された」（1:1）から、神は創造性豊かな方であることが推測^{すいそく}できます。順次^{じゅんじ}、「仰せられた」（1:3）から、言葉や意思をもっていることと、「良しと見られた」（1:4）から、良し悪しを判断する基準があること、「分けられた」（1:4）から、知性があること、「草と……木を……与える。……それは食物となる」（1:29）から、愛に満ちた方であること、「すべ

てのもの……非常に良かった」（1:31）という箇所、ならびに、自然界の美しさから、感性と芸術性に富んでおられる方であることが想像できます。

　私たちは、その神に似せて造られたので、知性や芸術性、愛情や良心があります。また、神は創造性豊かな方なので、私たちも歴史を通じてクリエイティブに地上の営みを築いてきました。

　エデンの園に置かれたアダムとエバの生活を想像してみましょう。アダムが最初に造った鋤と竪琴よりも、３年後のものの方がより機能的で美しかったでしょう。エバの織った布や描いた絵にも同じ発展があったことでしょう。神に似せて造られているので、人間はクリエイティブで、より良く、より美しいものを生み出していくのです。

　アダムの子孫の職業は、時代とともに多様化していきます。ヤバルは羊飼いとなり（4:20）、ユバルは音楽家（4:21）、トバル・カインは鍛冶屋（4:22）、ニムロデは狩人（10:8,9）になりました。その後、政治と経済、科学、建築、農業、芸術など、あらゆる分野において、人間の文明は絶えざる発展を遂げていきます。それは、神に似たものとして地を治めてきた結果であり、神の創造の業の継続とも言えます。

　罪の故に、その発展が破壊的な方向で使われてきたことも事実です。例えば、ダイナマイトが兵器として使われるようになったこと、政治機構による人種差別政策の強化、東アジア儒教圏などに見られる「家」制度による女性への抑圧などです。しかし、だからといって、人間が神のかたちでなくなったのではありません。それは、罪の故の歪みです。文明の破壊的な面だけを見て、神のかたちとして人が築いてきた営み全てを否定することはできません。

　ですから、「罪からの救い」と言ったとき、それは、地上の営みを否定したり、そこから逃げたりすることではありません。また、「創造本来の在り方の回復」と言ったとき、それは、エデンの園のような牧歌的な生活への回帰を意味しません。イエスを主と信じた私たちに求められていることは、それぞれの生活の現場で、与えられた資質や能力を正しい方向で用いていくことです。創造性豊かに、より良いものを、より美しい

ものを生み出し、愛と正義に生きていくことです。キリスト者は、人間が神に似せて造られていることを知ったのですから、生活のあらゆる分野で、喜んでそのような歩みをしていきたいと思います。

(2) 他者のために

　神のかたちの第二の面は、私たちが、人格的な応答(おうとう)をする、愛の関係に生きるように造られているということです。

　三位一体の神において、父は子と聖霊のために、子は父と聖霊のために、聖霊は父と子のために存在していると言えるでしょう。私たちは、その神に似せて造られています。ですから、神の愛を受けとめ、神を愛して生きる、人の愛を受けとめ、人を愛して生きるように造られています。そのように愛をもって応答して生きることが、人の本来の姿です。完全な人であるイエスはそのように生きました。私たちはその姿に、真の人間性を見ることができます。人間社会は、互いが他者のために生きるという基盤(きばん)の上に成り立っているのです。

　エデンの園でのアダムとエバの新婚生活は幸せだったでしょう。アダムはエバのために生き、エバはアダムのために生きていました。二人は神を愛し、委ねられた農園を心を込めて耕し守っていました。彼らは、神のかたちの本来の姿に従って生きていたので幸せだったのです。

(3) 地上の王

　神のかたちの第三の面は、地上で果たすべき使命です。この理解の鍵となるのは、「神のかたち(像)」(1:27)という言葉の本来の意味です。

　古代中近東の王は、自らのことを「神のかたち」と称(しょう)しました。それは、「自分は、目に見えない神の、目に見える像(かたち)である。神の代理人としてこの王国を治めている」という主張でした。

　驚くべきことに、聖書ではこの王を指す言葉が人類全てを指して使われました。つまり、「私たち人間は、目に見えない天の神の、目に見える地上での代理人、神に代わって世界を治める王として地上に造られた」ということになります。そのため、神は次の28節で「地を従えよ」と命じています。そして、神はアダムに園を耕し守るように言いました(2:15)。

「耕し守る」は「開発と保護」を指すという意見があります。開発と保護は、農業だけでなく、自然界に働きかける人間の全ての営み（いとな）を指しているとも言えます。エデン農園は地球全体から見れば小さな一歩ですが、人は次第に増え広がり、職業も多様化しながら、地上全体を治めるようになる。それが神のご計画でした。

　人間には地球全体の管理が委ねられています。私たちの使命は、正義と愛に満ちた神の代理人として、神を目に見える「かたち」で表し、世界を正義と愛によって治めることにあります。そのために、人は神のかたちとして造られたのでした。

(4)「神のかたちとして造られた人」のまとめ

　私たち人間は、神に似た資質や能力が与えられているので、喜んでそれを磨きます。心を込めて、考えながら、芸術的に、創造的に生きようとします。

　しかもそれは、他者のためです。神を愛し、人を愛し、私たちを取り巻く被造世界を愛するので、与えられた資質や能力を喜んで使います。

　しかし、それで終わってはいません。そのような日々の歩みの中で目指しているのは、神に任じられた王、愛と正義に満ちた神の代理人として、地球全体を大切に治めていくことです。

　もし、アダムとエバが神に背を向けず、その子孫も神を愛し続けたならば、世界はこのような人間共同体で覆われ、賛美と平和と豊かさで満ちていたことでしょう。神は人と世界を愛し、そのような幸いな在り方（あ）を望みました。これが、神が天地万物を造った目的だったのです。

💠 ディスカッション 💠 ....

　天地が造られた時に、神が望んだ世界をどのように思いますか。私たちの今日の仕事や家事、また勉強などが、世界を治めることだとすると、私たちは、日々の生活をどのように見直さなければならないでしょう。

2課　人の背き (創世記3章)

A　神に背を向けた人間

　創世記2章までの大変良かった世界が、3章に入ると一転します。人は、神の言葉ではなく、サタンの化身として現れるへびの言葉に聞き従いました (2:16-17、3:6)。神に背いた結果は甚大でした。心に歪みが生じ、夫婦の関係に亀裂が生まれます (3:12)。出産が苦しみとなり (3:16)、自然界は呪われ、喜びであった労働が苦しみとなりました。そして、人は死ぬものとなりました (3:17-19)。p.9コラム「人間と死について」参照。

B　悪の増大

　神に背いたからといって、人に与えられた資質や能力がなくなったのではありません。人は、それを間違った方向で使い始めたのです。人間は、神を利用するようになり、偶像崇拝が始まりました。他者を利用するようになって、家庭が機能不全に陥り、盗み、殺人、搾取、戦争が始まりました。自分の目先の利益のためだけに自然界を利用するようになり、環境問題が生まれました。

　人間は、世界の良い管理者ではなく暴君となりました。その結果、地上に悪が増大していったのです。

C　変わらない神の愛

　これほど重大な違反を犯したアダムとエバ、そして呪われた世界を、神が見捨てたとしても不思議ではありません。ところが神は、問題を解決する約束を与え (3:15)、裸であることを知った二人のために皮の衣を作って着せてくださいました (3:21)。人と世界に対する神の愛、そして、天地創造の時の初めのご計画は変わりませんでした。

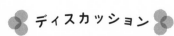 ディスカッション

神に似た資質や能力を、間違った方向で使う例として何が挙げられますか。

3課　ノアの箱舟 （創世記6-9章）

　アダムとエバの子孫は数を増していきました。しかし、人類はその後も罪を犯し続け、「地上に人の悪が増大」（6:5）したと記されています。そのため、神は「地上に人を造ったことを悔やみ、心を痛められ」ました（6:6）。そして、「地は、彼らのゆえに、暴虐で満ちている……。見よ、わたしは彼らを地とともに滅ぼし去る」と言いました（6:13）。

　「滅ぼし去る」というのは、世界のすべてを消し去って無に帰すことではなく、暴虐と悪を取り除くことでした。実際、神は、大洪水を起こしましたが、ノアとその家族、そして、一つがいずつの動物たちを救い、大地に戻します（6:18-19）。洪水の後に、神は、人類と他の被造物、そして「地」そのものと契約を結び、もはや「大洪水の大水によって断ち切られることはない」と約束しました（9:11-13）。また神は、アダムに命じた「生めよ。増えよ。地に満ちよ」（1:28）という命令をノアたちに繰り返し、彼らに生き物を「委^{ゆだ}ね」、動植物を食物として与えると言いました（9:1-3）。

　つまり神は、洪水によって悪を滅ぼし、人類に再出発のチャンスを与えてくださったのです。神は、創世記1章で見たように、「非常に良」い世界を地上で完成させるという計画を立てました。大洪水の出来事は、「人間の罪にもかかわらず、その計画を必ず実現させる」という神の強い意志の表れです。それは、神が愛をもって造った世界を、ご自身で回復し、完成しようとする神の愛の表れでもあるのです。

🌸 ディスカッション 🌸 ……………………………………

　神は何故、罪に満ちた世界のすべてを消し去って終わりにしなかったのでしょうか。神の思いを想像してみましょう。

4課 アブラハムへの三つの約束 （創世記12:1-3）

　洪水の後、ノアの子孫たちは再出発のチャンスを逃しました。「神に喜ばれる共同体で地を満たす」という使命を果たすことができなかったのです。特にバベルの塔の出来事（11章）は、それを明らかにしています。バベルの塔において、人類は建築技術に見られる知性[1]を、神に対抗するという間違った方向で使いました。またメソポタミアの一地方から離れることを拒み、「地を満たせ」という神の命令に逆らいました（11:4）。結局、ノア以降の人類も、自らの力では神のかたちとしての本来の生き方ができませんでした。

　そこで、神ご自身が行動を開始します。神はアブラハムという人物をメソポタミア地方のウルから導き出して、次の三つの約束を与えました（12:1-3、7）。

　　1. アブラハムの子孫に土地を与え
　　2. 大いなる国民とし
　　3. その子孫によって全世界を祝福する

　この三つの約束は、その後、アブラハムに繰り返し語られ[2]、その子と孫にも継承されていき[3]、旧約聖書だけでなく新約聖書の最後まで貫かれていく約束となります[4]。

ディスカッション

　大洪水から救い出して再出発の機会を与えられても、なお、人類は正しく歩むことができませんでした。それでも神は、人類を見捨てることなく祝福すると約束しました。そこに、どのような神の愛が表されていると思いますか。

---

[1] 漆喰よりも接着力のあるアスファルトの発見とレンガの使用によって高層建築が可能となりました。

[2] 創15:18-21、17:1-21、22:15-18。

[3] イサク（26:1-5）とヤコブ（28:4、13-14、35:12）。

[4] p.46、16課A参照。

=== コラム ===

「人間と死について」

(1) 大地のちりで造られた人といのちの息

　聖書によれば、人は大地のちりで造られました。

　　神である主は、その大地のちりで人を形造り、その鼻にいのちの息（ネ
　　シャマ）を吹き込まれた。それで人は生きるものとなった。（創2:7）

　この箇所の「息」を、人間だけに吹き込まれた「霊魂」であるとする解釈
があります。しかし、聖書の「息」（ネシャマ）、あるいは「霊」（ルアハ）は、
人間だけではなく、動物にも与えられています（詩104:29-30、伝3:19）。
それは、「息」も「霊」も、「命」を意味しているからです。人に吹き込まれ
たのは、「霊魂」ではなく、「いのちの息」であり、息が吹き込まれた結果、
人は息を始めて生きるものとなりました。グノーシス主義や新プラトン主義
といった古代ギリシアの思想では、「人は、天から来て天に帰る霊魂」で
すが、聖書によれば、人は最初から、土のちりで造られた存在であり、体、
心、たましいなどは、人間の部分ではなく、様々な「面」として理解されて
います。人間と動物の違いは、人間だけが「神のかたち」として造られた
点にあります（p.2-5、1課B参照）。

(2) 死

　人は罪を犯して死ぬ者となりました。すると、人は土に帰ります。神は
アダムに言われました。

　　あなたは、顔に汗を流して糧を得、ついにはその大地に帰る。
　　あなたはそこから取られたのだから。
　　あなたは土のちりだから、土のちりに帰るのだ。（創3:19）

　旧約聖書によると、息や霊、すなわち、命の息吹が取られて、それが
与え主である神のもとに戻ると、動物も人間も息絶えて、土に帰ります[1]。

　　もし、神がご自分だけに心を留め、その霊（ルアハ）と息（ネシャマ）
　　をご自分に集められたら、すべての肉なる者はともに息絶え、人は
　　土のちりに帰る。（ヨブ34:14-15）

---

[1] 創7:21-22、ヨブ10:9、詩90:3、104:29-30、146:4、伝3:18-21、12:7。

5課　エジプト脱出と律法 （創世記 – 申命記）

　アブラハムへの三つの約束は、出エジプト、律法の授与、そして王制の開始によって実現に向かいます。

A　エジプト脱出

　アブラハムは、メソポタミアを出てカナンの地に滞在するようになりましたが、孫のヤコブの時代になると、一族は飢饉のためにエジプトに逃れます（創世記）。その地で一族の人口は飛躍的に増え、「大いなる国民とする」という約束が一部成就します。しかし、土地はまだ与えられていません。そこで神は、モーセを用いて、アブラハムの子孫であるイスラエル人をエジプトから脱出させ、カナン地方に導いていきます（前14～15世紀頃、出エジプト記）。

B　律法が描く共同体

　イスラエル人は、エジプトで数百年もの間、奴隷生活を強いられていました。その間に、エジプト文化の影響を強く受けたことでしょう。そのため神は、人間本来の在り方を基本から教えなければなりませんでした。神の民であるイスラエル人が、まず、神に喜ばれる共同体となってはじめて、他の民族を祝福することができるからです。その歩みを教えるのが律法です。律法はエジプトから出て間もなく、シナイ山においてイスラエルの民に与えられました（出19章以降）。

　律法はどのような共同体を目指していたのでしょうか。

（1）神を中心とする共同体

　出エジプト記20章にある十戒の前半は、主だけを神として愛し礼拝せよ、という戒めです。律法の中心にあるのは、最も大切な神礼拝です。

　そのことは、幕屋（神が住まうテント）にも現れています。幕屋には神の臨在を表す契約の箱が安置されました。荒野を旅する12部族は幕屋

を囲んで宿営しました。契約の箱が動くときには出発し、止まるときには留まりました。神が地上で民と共に歩んでくださり、民は神を中心とした生活をする。それを表したのが幕屋でした。

　人が罪を犯すと、献げ物を携えて幕屋に行き、祭司に渡して罪の赦しを得ることができました。神に近づき、神の民の一員であり続けるためには、清くなければならず、清くされる道がある、と教えたのが祭司と献げ物の制度です。

　また、律法には「過越の祭り」、「七週の祭り」、「仮庵の祭り」といった祭りの定めがあり、人々はその祭によってエジプトから救い出してくださった主を、世代を越えて記憶していくことができました。

　イスラエルの人々は、十戒と幕屋、祭司と献げ物、そして祭りによって、神を中心に生きるよう指導されたのです。

（2）愛と正義に満ちた共同体

　神は愛に満ち、正義を行うきよいお方です。律法は神の民に対して、この神にならうように教えています（申10:17-19、レビ19:2）。

　例えば、「困窮している人と貧しい人には、必ずあなたの手を開かなければならない」（申15:11）と命じ、どのように助けていけばよいのかも具体的に述べています（申15、24章）。

　神は、司法の面でも正義を求めて、全ての町に「さばき人」（裁判官）を置くよう命じ、こう言いました。

> あなたはさばきを曲げてはならない。人を偏って見てはならない。賄賂を取ってはならない。……正義を、ただ正義を追い求めなければならない。（申16:19-20）

　もちろん商取引においても、神は公正を求め、「あなたには、袋に大小異なる重り石があってはならない。あなたには、家に大小異なる升があってはならない……」（申25:13-15）と命じています。

　その他、敵の女性の捕虜の扱い方（申21:10-14）、迷っている家畜の取り扱い方（申22:1-4）、離婚（申22:13-21）、奴隷の扱い方（申23:15-16、〔16-17〕）、また、性的な逸脱の禁止（レビ18章）、など、細かい戒めが書かれてあります。

　律法には多くの戒めがありますが、生活の全ての面を網羅しているわけ

ではありません。いくつかの例を示して、生活の細部に至るまで愛と正義を実践することを励ましているのです。

　神ご自身のご性質が愛と正義であるが故に、律法は、貧しい者への愛、司法と商取引での公正、その他、生活のあらゆる場面での慈しみを求めています。それが、イスラエル社会の精神となるべきものでした。

（3）自然界を正しく治める共同体

　律法には自然界を配慮する教えも含まれています。例えば、

> 六年間は、あなたは地に種を蒔き、収穫をする。しかし、七年目には、その土地をそのまま休ませておかなければならない。……六日間は自分の仕事をし、七日目には、それをやめなければならない。あなたの牛やろばが休み、あなたの女奴隷の子や寄留者が息をつくためである。（出23:10-12）

　また神は、不必要な森林伐採を禁じています（申20:19）。

　律法は、神が愛をもって治めるように、自然界を愛し治めよと命じています。

C　律法が約束した祝福

　律法には、それを守ったときに与えられる祝福も書かれています。それは、次のような約束です。

　　1. 約束の地を所有する（申4:1、11:8）
　　2. その地で増え、幸せになり、長く生きる（申4:40、6:2-3、11:8-9）
　　3. 異邦人への証しとなる（出19:5-6、申4:5-8、26:18-19）

　つまり、律法を守ると、アブラハムへの三つの約束が成就することになります（4課）。

　律法が約束した祝福には、以上の三つに加えて、被造世界の回復も含まれていて、カナンの地での祝福は、エデンの園を思わせます。例えば、

　1）エデンの園は、地下水と川が「潤してい」（創2:6、10）ました。イスラエルの人々は、エジプトの地では労苦して畑に水をやりましたが、カナンの地は「天からの雨で潤っている」（申11:10-11）と言われます。

　2）創世記1章では、「草と……実のあるすべての木を、今あなたがた

に与える。……それは食物となる。また……地のすべての獣……のために、すべての緑の草を食物として与える」（創1:29-30）とあり、カナンの地では、「あなたは穀物と新しいぶどう酒と油を集めることができる。……家畜のため野に草を与える。あなたは食べて満ち足りる」（申11:14-15）とあります。

3）アダムの罪の結果、自然界は呪われ、いばらとあざみを生じ、労働は生存のための苦しみとなりました（創3:17-19）。しかし、律法では、祭りの時に、穀物、家畜の初子などを携えて家族とともに主の前に出て、「主が祝福してくださった、あなたがたのすべての手の業（わざ）を喜び楽しみなさい」（申12:7）と言われています。

律法を守ると、自然界が呪いから解き放たれて豊かに産物を生み、手の業（わざ）、すなわち労働は、苦しみから「楽しみ」に回復するのです。

D 律法のまとめ

イスラエルが律法に記されたような共同体となったならば、彼らはカナンの地を永遠に所有し、長く生きるはずでした。カナンの地は水で潤い、豊かに産物を生みだし、労働は喜びとなります。そのような幸いなイスラエルの姿は、周囲の民に影響を与え、その祝福は世界に及ぶはずでした。つまり、神は律法によって罪と死と呪いを逆転させ、創造本来の在り方をカナンの地に、そして全地に回復させようとしたのです。それは、「地のすべての部族」を祝福しよう（創12:1-3）とする神の愛の表れでした。

ディスカッション

律法を守ることによってもたらされるカナンの地への祝福は、エデンの園の姿とどのような点で似ていますか。それはなぜでしょう。律法に関して特に教えられたことを分かち合いましょう。ロマ7:12-13参照。

6課　荒野から王制へ （出エジプト記 - 列王記）

A　荒野で（出エジプト記、民数記）

　律法が与えられた民は正しい歩みができるはずでした。しかし、その後の荒野での歩みは、不信仰と不従順の連続でした（出エジプト記）。

　そのようなイスラエルを神は見捨てず、40年かけて荒野をさまよわせ、その間に次の世代の人々を訓練し、神の民にふさわしく整えていきます。荒野においてイスラエルの民は、神に信頼して従うことを学び、一つ一つの部族内の組織が整い、部族と部族の間の結びつきが強まり、また、戦いの経験も経て、一つの民族として強固になっていきました（民数記）。

B　カナンの征服と士師の時代（ヨシュア記、士師記）

　そのように整えられていったイスラエルの民は、ヨシュアに率いられてカナンの地を占領していきます（ヨシュア記）。

　しかし、カナンに入った最初の世代が死に絶えると、イスラエルは再び律法から離れていきます。「イスラエルが不従順になると周辺国から攻撃され、民が悔い改めると、神は士師と呼ばれる指導者を立ててイスラエルを救う。しばらくすると、またイスラエルが不従順になる」ということが繰り返されます（士師記）。

C　王制へ（サムエル記、列王記）

　当時、イスラエルの周辺国家は、王を中心とした専属の軍隊を持つようになり、ますます軍事力を強めていました。イスラエルの民も同じように、王と軍隊を求めました。預言者サムエルは、民の要求を神への不信仰ととらえましたが、神はそれを許し、神を中心とする王政が始まります。初代の王がサウル、次がダビデです。

　ダビデはエルサレムを首都としました（前1000年頃。サムエル記）。そして、ダビデの子ソロモンが、その後を継ぐことになります（I列王記）。

D 王の使命（詩篇72篇）

（1）民の心を神に向け、公正と正義を行う

　イスラエルの王の第一の使命は、民の心を神に向け、社会正義を追求することでした。

　ダビデは、祭司制度（II歴代8:14以降、23:18以降）と聖歌隊（I歴代6:31〔6:16〕以降、15:16以降）を整え、幕屋を神殿にする計画を立てて準備をしていきます（IIサム7章、I歴代28:2）。ダビデは羊飼いであった子どもの頃から主を愛し、主に従う人でしたが、一国の王になっても神への礼拝と賛美を第一にしたのです。その後、ダビデの子ソロモンが神殿を建設することになります。

　また、「ダビデはその民のすべてにさばきと正義を行った」（IIサム8:15）とあります。「さばき」は「公正」とも訳せる言葉です。ソロモンも公正と正義を行いました。ソロモンの正しさを目の当たりにしたシェバの女王は、次のように語りました。

> **あなたの神、主がほめたたえられますように。……あなたの神は**
> **イスラエルを愛して、……あなたを彼らの上に王として与え、公正**
> **と正義を行わせるのです。**（II歴代9:8）

　古代中近東の人々によれば、王は公正と正義を行うために神によってたてられていました（p.4「（3）地上の王」参照）。シェバの女王の目に、ソロモンは理想的な王と写ったことでしょう。また、異教徒であるシェバの女王は、カナンの地に注がれた神の祝福を見て主をほめたたえています。

　詩篇72篇には、「王の務めは公正と正義を行うこと」という理解がはっきり現われています。ソロモンはこの詩篇の冒頭で

> **神よ　あなたのさばき〔公正〕を王に**
> **あなたの義を王の子に与えてください。**（72:1）

と、公正と正義が神から来るものであることを知り、祈り求めています。それは、苦しむ者、貧しいものを助け、虐げる者を打ち砕くという具体的なものです（詩72:2-4）。ソロモンが公正と正義を行うときに、王国には豊かな平和が訪れます（72:5-7）。

(2) 全世界を治める

　それだけではありません。ソロモンの時代には、周辺の国家もイスラエルの支配下にありましたが、将来、イスラエルの王は全世界の王となり、世界中の王が仕えるようになります（72:8-11）。このような祝福がもたらされるのは、王が「弱い者や貧しい者をあわれみ　貧しい者たちのいのちを救」うからです（72:13）。

　次に王への祝福（72:15-17）が続き、この詩篇は神への賛美で締めくくられます（72:18-19）。

E　律法と王制のまとめ

　詩篇72篇は、「神を心から崇（あが）める王は、公正と正義を行って神の祝福を受け、全世界を支配することになる」とまとめることができます。律法と王制は一つとなって、神に喜ばれる王国をカナンの地に樹立させるものでした。神は、敵からこの国を守り、雨を降（ふ）らせ、穀物と家畜を豊かに与え、人を幸せにし、長寿を与えると約束しました。そして、この王国によって世界が治められ、全世界が祝福されることになります。つまり、アダムによって人類にもたらされた罪と死、また自然界への呪いが逆転し、創造本来の在（あ）り方が全世界に回復される。これが律法と王によって実現されるはずだったのです。

❖ ディスカッション ❖ ....

　イスラエルの王の役割と使命に関して、特に心にとまったことは何ですか。

....

7課　イスラエルの失敗と懲<ruby>こ</ruby>らしめ

　紀元前1000年頃に王となったダビデ、そしてその子ソロモンの時代に、イスラエル王国は版図<ruby>はんと</ruby>を拡大し、地中海東岸を広く支配するようになりました。本来ならば、その後は、神を敬うイスラエルの王によって理想的な共同体が形成され、カナンの地は祝福され、イスラエルは全世界を祝福するはずでした。

　ところが、ソロモンはその治世の後半に、同盟国から迎えた妻たちの影響で偶像を崇拝するようになります。王国はソロモンの死後、北部のイスラエル王国、南部のユダ王国に分裂しました。どちらの国でも、王から民にいたるまで、すべての者が神に背を向け、偶像崇拝と不正が行われ、無実の人の血が流され、混乱した政治が続いていきます（I、II列王記）。

　そのような背信<ruby>はいしん</ruby>のイスラエルに対し、神はイザヤやエレミヤなど、多くの預言者たちを遣わし、王と民に向かって「悔い改めて神と律法に立ち返れ」と呼びかけました。悔い改めないならば捕囚<ruby>ほしゅう</ruby>による懲らしめがあるとも警告しました。しかし、王も民もその警告に耳を傾けることはありませんでした（預言書）。

A　イスラエルの王たちの失敗（イザ1:1-23）

　イスラエルの背信と神による懲らしめは、イザヤ書の1章に詩文で要約されています。先ず1:2-9には、敵国の攻撃によって荒廃<ruby>こうはい</ruby>したユダの様子が描かれています。このような悲惨な状態になった理由は、ユダ王国の人々が「主を捨て」たからだと言われます（1:4）。また、主は「どうして遊女になったのか、忠実な都が。公正があふれて、義がそこに宿っていたのに。今は人殺しばかりだ」（1:21）とも語ります。

　都エルサレムが忠実であったというのは、ダビデ王が治めていた時代を指します。ダビデは、民が神に従うように導き、公正と正義を行いました。しかしその後、イスラエルは王も民も最初の忠実さを失ったのです。

　ユダの人々は全焼の献げ物をささげ、香をたき、新月の祭りと安息日を

しっかりと守っていたのですが（1:10-15）、それにもかかわらず、不忠実と言われています。その理由が三つ挙げられています。

(1) ビジネスでの不正

> おまえの銀は金かすになった。おまえの良い酒も水で薄められている。（1:22）

当時は、銀の重さを計って売買に使用していました。その銀の純度に不正があり、販売用のワインは水で薄められていました。

(2) 政治における不正

> おまえの君主たちは強情者、盗人の仲間。みな賄賂を愛し、報酬を求める。（1:23）

国家の指導者は本来、盗人などから国民を守り、国内に公正と正義ともたらすべき存在です。箴言にもこうあります。

> 正義によって王は国を建てる。重税を取る者は国を壊す。（箴29:4）

ここで重税と訳されている言葉は「贈り物」という意味で、賄賂と訳すこともできます。正義を追求せず自分の利益を求める者は国を壊す、という意味になります。つまり、エルサレムの政治的指導者は正義ではなく、賄賂を愛して国を滅ぼしていきました。

(3) 司法における不正

> みなしごを正しくさばかず、やもめの訴えも彼らには届かない。
> （1:23）

前課で見た通り、社会の中の弱者、虐げられているものを守るのが国の指導者、王の役目です。しかしそれは、国の指導者だけに求められたことではなく、一般の人々にも次のように求められていました。

> 正しい人は弱い者のためのさばきを知っている。悪しき者はそのような知識をわきまえない。（箴29:7）

国の指導者から民衆にいたるまで、ビジネス、政治、司法において、イスラエルは正義を失ったのです。

B 神の懲らしめとしての捕囚 (Ⅱ列王記)

その結果、イザヤ書1章の初めに描かれたような、敵の侵略、国土の荒廃、捕囚という懲らしめを、神から受けることになります[1]。

実際、北イスラエル王国は、古代中近東を広く支配した新アッシリア帝国によって、前722年に滅亡しました。南ユダ王国は、アッシリアを滅ぼした新バビロニア帝国によって、前586年に滅びることになります。そのとき、多くの民がアッシリアへ、あるいはバビロニアへ捕囚となって連れて行かれました (Ⅱ列王記)。

C まとめ

主はイスラエルに、宗教面だけではなく、生活の全領域において主への忠実さを表すことを求めました。たとえ、責められることのない礼拝を守っていても、日々の営みの中で愛と正義を失えば、主への忠実さを失ったとされるのです。そのような生き方に対して、捕囚という神の懲らしめが待っていました。

🌸 ディスカッション 🌸 ....

礼拝を忠実に守っていたユダの人々は「遊女になった」と非難されています。現代の私たちが学べる点は何でしょう。

....

---

[1] これは申命記28章にある、祝福と呪いのうち、呪いの成就とも言えます。

「旧約聖書続編とマカバイ記」

　『聖書　聖書協会共同訳 旧約聖書続編付き』（日本聖書協会）には、旧約聖書と新約聖書の間に「旧約聖書続編」という部分があります。そこに収められている諸書は、旧約聖書の時代が終わり、新約聖書の時代が始まるまでの間（中間時代）に、ユダヤ人によって書かれたもので、カトリック教会では「第二正典」、多くのプロテスタントの教派では「外典」（聖書正典に含まれないもの）とされています。旧約聖書続編は、中間時代の歴史を学ぶ上で、また、新約聖書に記されているユダヤ教の背景を理解するために大変有益です。

　旧約聖書続編のマカバイ記（一、二）には、前二世紀に起こった出来事が記されています。当時、ユダヤを支配していたセレウコス朝シリアの、アンティオコス４世エピファネス王が、前167年にユダヤ教を圧迫したことをきっかけに、ユダヤ人がシリアに対して反乱を起こしました。この反乱は、本格的な戦争となり、ユダヤ人内部の権力闘争と関連して複雑な様相を見せながら長期間にわたって続きます。前142年には独立を勝ち取るのですが、最終的には、ユダヤはローマの支配下に置かれるようになりました。この戦争を指導したのがマカバイ家の人々で、マカバイ戦争と呼ばれています。

8課　メシアによる回復の希望

　神は預言者たちを通して悔い改めと警告を与えただけではありませんでした。それと同時に、主ご自身がエルサレムを贖（あがな）い、きよめ、回復する、という希望も伝えました。イザヤ書1:24-2:5を中心に、贖いと回復の約束に焦点を当てて見ていきます。

A　主ご自身による回復

（1）エルサレムの回復（イザ1:24-26）

　先ず、1:25には、「わたしは……おまえの金かすを灰汁（あく）のように溶かし、その浮きかすをみな除く」とあります。金かす、浮きかす、とは、ビジネスや行政などでの不正を指します。つまり、主が来てエルサレムをきよめるのです。

　また、こうも言われます。

> こうして、おまえをさばく者たちを以前のように、おまえに助言する者たちを最初のようにする。その後に、おまえは正義の町、忠実な都と呼ばれる。（1:26）

　さばく者、助言する者とは王の側近です。主が来てエルサレムをきよめると、その指導者たちはダビデ時代のように公正と正義を行うようになります。エルサレムの回復です。

　指導者だけではありません。民全体が、律法に従って公正と正義を行うように変えられます。なぜなら、その時、主がイスラエルと新しい契約を結び、「律法を彼らのただ中に置き、彼らの心にこれを書き記す」（エレ31:33）からです。また、「新しい心を与え、……わたしの霊をあなたがたのうちに授けて、わたしの掟（おきて）に従って歩み、わたしの定めを守り行うようにする」（エゼ36:26-27）からです。

(2) 主が世界を治める（イザ2:1-5）

　主は、イスラエルの民と指導者を変えて、エルサレムを回復するだけではありません。そこには、世界的な展望が見られます。イザヤ書2:1-5を見ましょう。

> 終わりの日に、主の家の山は山々の頂に堅く立ち、もろもろの丘より高くそびえ立つ。そこにすべての国々が流れて来る。多くの民族が来て言う。「さあ、主の山、ヤコブの神の家に上ろう。主はご自分の道を私たちに教えてくださる。私たちはその道筋を進もう。」それは、シオンからみおしえが、エルサレムから主のことばが出るからだ。主は国々の間をさばき、多くの民族に判決を下す。彼らはその剣を鋤に、その槍を鎌に打ち直す。国は国に向かって剣を上げず、もう戦うことを学ばない。ヤコブの家よ、さあ、私たちも主の光のうちを歩もう。

　主がエルサレムにおられ（2:3）、多くの民族が主の言葉を聞きにエルサレムに来る（2:2-3）。すると、「主は国々の間をさばき、多くの民族に判決を下す」（2:4）とあります。主がイザヤを通して約束している回復は、単にエルサレムをダビデ時代に戻すということではありません。主ご自身が全世界の王となり、その支配と正義が全世界を覆い、世界平和がもたらされるのです（2:4）。イザヤは、この救いを「良い知らせ（福音）」と呼びました（52：7-11）。

(3) まとめ

　私たちは、律法と王制によってアブラハムへの約束が成就する、つまり、創造本来の非常に良かった在り方が、世界に回復するという計画を学びました（5課、6課）。しかし、イスラエルの人々は律法を守ることができず、歴代のイスラエルの王たちには期待されていた信仰も愛も正義もありませんでした（7課）。それ故、ついに神ご自身が「王」として来て、ご自身の霊を授けて王と民の心を変え、彼らが律法を守ることができるようにする、エルサレムを回復するだけでなく、全世界を王として治める、というのです。これは後に、神の王としての支配、「神の国」と呼ばれるようになります。

B 来るべきメシア（イザヤ書より）

　神が王として来るときは、神が立てる特別な王を通して、イスラエルと世界を治めることになります。神はダビデ王朝を永続させると約束していましたので（Ⅱサム7:16）、この特別な王は「ダビデの子」と呼ばれるようになります。また、王の任職式で、王に油が注がれたことから、油注がれた者「メシア」とも呼ばれるようになりました（ギリシア語で「キリスト」）。そのメシアとはどのような方なのでしょう。イザヤ書から見ていきます。

（1）栄光の王

　その方は「ダビデの王座に就いて、その王国を治め、さばきと正義によってこれを堅く立て」（イザ9:7〔9:6〕）、「正義をもって弱い者をさばき、公正をもって地の貧しい者のために判決を下」す方、すなわち、正義の王です（11:1-4）。

　その方はイスラエルの王となるだけではなく、全世界を治めるようになります。

　　　その日になると、エッサイの根はもろもろの民の旗として立ち、国々は彼を求め、彼のとどまるところは栄光に輝く。（11:10）
　　　国々にさばきを行う……ついには地にさばきを確立する。（42:1-4）
　　　　注）「エッサイ」はダビデの父です。

（2）苦難の僕

　ところが、メシアは苦難の僕でもあります。人々の病を負い、痛みを担い、その背きと咎のために神に罰せられ、神に打たれ、苦しめられ、ついに生ける者の地から絶たれる方です（53章）。

（3）被造世界の変化

この方が来ると、被造世界全体に変化が訪れます。

狼は子羊とともに宿り、豹は子やぎとともに伏（す）。（11:6-9）

目の見えない者の目は開かれ、耳の聞こえない者の耳は開けられる。そのとき、足の萎えた者は鹿のように飛び跳ね、口のきけない者の舌は喜び歌う。（35:5-6）

わたしは裸の丘に川を開く。平地のただ中には泉を。……わたしは荒野に、杉、アカシヤ、ミルトス、オリーブの木を植え、荒れ地に、もみの木、すずかけの木、檜をともに植える。（41:18-19）

百歳で死ぬ者は若かったとされ……わたしの民の寿命は、木の寿命と等しく（なる）。（65:20-22）

C まとめ

　神ご自身がエルサレムに戻られる、そのとき、特別な王、ダビデの子孫である王（メシア）がエルサレムで治め、イスラエルを再興し、愛と正義によって世界を治める。人々の罪は赦され、主の霊によって律法を守ることができるように変えられ、病は癒され、人が長寿となり、自然界が豊かに美しく変わる。それが永遠に続くとイザヤは語りました。

　これは、人が神に背いたことによってもたらされた罪と死、そして自然界への呪いを逆転させるものです。それは、律法が描き、王がもたらすと期待された神の祝福でした。つまり、アダムの子孫、ノアの子孫、そして、イスラエルの民と王に出来なかったことを、神ご自身が、メシアを通して成し遂げることになります。「アブラハムの子孫によって世界を祝福する」という、全被造世界に対する神のご計画は、メシアによって成就します。神の愛は、メシアを通して全世界に表されるようになるのです。

ディスカッション

　メシア預言を聞いていたユダヤ人は、将来にどのような期待を抱いたと思いますか。

9課　捕囚後 （ほしゅう）（エズラ、ネヘミヤ、マカバイ記）

A 帰還後も続く苦しみ

バビロンに捕囚（前586）となって行った人々は、故郷へ帰ることが
切なる願いでした。新バビロニア帝国がペルシア帝国によって滅ぼされ
ると（前539）、その願いがかなえられます。ペルシアは寛容な政策を
とったため、イスラエル人（ユダヤ人）は、ペルシア帝国の支配下にあった
ユダヤ州に帰り、神殿を、町を、城壁を再建していきました（エズラ記、
ネヘミヤ記）。

しかし、それでも過去の栄光は戻りません。ペルシアの後は、シリア
（セレウコス朝）によって支配されました。シリアに対してはマカバイ家
の人々を中心に武器を取って戦い、独立した時もありましたが[1]（マカ
バイ記）、結局ユダヤ人は、ローマ帝国の支配を受けることになりました。
ローマとその傀儡政権に対する民の反乱、また暴動といった不安定さも
加わり、民族としての苦しみ、また貧しさは続きます。

B イスラエルの再興を求めて

ユダヤ人は「異教徒の支配による苦しみは、神の懲らしめがまだ続いて
いる表れだ。律法を守らなかった罪が、赦されていないからだ」と考え
ました。

そのため、パリサイ派と呼ばれた人々は、ギリシアとローマの異教の
影響に対抗して、厳格に律法を守ろうとしました。特に、安息日、割礼、
汚れたものを食べないこと、そして神殿をきよく保つ、といった律法を
重視し、それが、ユダヤ人であることのしるしであると考えました。彼ら
にとって、上記のマカバイ時代の人々が模範でした。マカバイ時代の人々
は、汚れたものを食べるように強制され、神殿が異教の物で汚されたとき
には、剣を取り、命をかけて戦い、殉教していったのです。また、サウロ、

---

[1] 前142年。p.21コラム「旧約聖書続編とマカバイ記」参照。

後のパウロがそうであったように、パリサイ派の中でも特に熱心な人々は、律法を軽視すると思われる者は同胞であっても殺害しました。パリサイ派は、自分たちが燃えるような熱心さで律法を守るだけはでなく、他のユダヤ人と指導者にも律法を厳格に守らせようとしました。そのことによって、主が来て、ローマを打ち破り、イスラエルを一日も早く国家として再興してくださることを目指していたからです。

　また、あるグループは荒野に退き、世俗との関係を絶って、律法に従った清い生活を目指しました（エッセネ派）。指導者の一部は、支配者に迎合することで苦境を乗り越えようとします（サドカイ派）。逆に、マカバイの時のように、すぐにでも神と共に武器を取って、ローマと戦おうとするグループもありました（熱心党など）。

C　ユダヤ人の「神の国とメシア」理解

　以上のようなグループに属する人々だけでなく、一般の人々も含め、ユダヤ人はおおむね、「神の国とメシア」について、次のように信じていました。

> 律法を守れば、主はイスラエルの罪を赦し、エルサレムとその神殿に戻って来てくださる。その時、主はダビデの子孫を王（メシア）として立てて、敵である異教徒ローマの支配を武力で打ち破り、神が王である国（神の国）として、イスラエルを再興してくださる。

　人々はこのような神の国をもたらす「キリスト（メシア）を待ち望んで」いました（ルカ3:15、17:20）。

　そのような時に生まれたのが、バプテスマのヨハネ、そして、イエスです。

🌸 ディスカッション 🌸 •

　捕囚から解放されても続く苦しみと貧しさの中で、あなたならば、どのような希望を抱いたと思いますか。

27

10課　メシアなるイエス

　成人したバプテスマのヨハネとイエスは、同胞のユダヤ人に対して、「悔い改めなさい。天の御国（神の国）が近づいたから」（マタ 3:2、4:17）と語りました。「悔い改め」とは、個々の罪から離れるだけではなく、信仰や考え方、そしてそれに基づく生き方すべてを根本から変えることを意味します。

　では、当時のユダヤ人は、自分たちの信仰と生き方（p.27、C）をどのように変えなければならなかったのでしょうか。ユダヤ人の考える神の国とイエスの神の国はどのように違うのでしょう。イエスによる奇跡、教え、そして罪の赦しを見るとそれが明らかになります。

A　奇跡

　イエスは、飢えている者にパンを与え、病を癒し、死人をよみがえらせ、悪霊を追い出し、嵐を静めました。そのような奇跡は、旧約聖書で預言されていた終りの日の表れであり、メシアのしるしでした。また、人の罪の故にもたらされた病と死と自然界への呪いを逆転させ、悪魔の支配を打ちくだくことでもありました。つまり、イエスによって創造本来の良い世界が回復し始めたのです。その奇跡の業を貫いていたのは、人への愛でした。

　奇跡を見た多くのユダヤ人がイエスの周りに集まり、イエスをメシアと信じる者も増えていきます。しかし、このイエスの姿は、「武装蜂起の先頭に立つ」という一般のメシア像とは違うものでした。ユダヤ人の中でもパリサイ派などの指導者は、イエスの奇跡を「悪霊どものかしら」（マタ 9:34）によるものだと批判しました。

B 教え

　イエスは、神の国（神のご支配）に入れられた者の生き方を次のように
教えました。

父なる神への信頼

　何を食べようか、何を飲もうか、何を着ようかと言って、心配しな
くてよいのです。これらのものはすべて、異邦人が切に求めている
ものです。あなたがたにこれらのものすべてが必要であることは、
あなたがたの天の父が知っておられます（マタ6:31-32）。

富と貧しさ

　貧しい人たちは幸いです。神の国はあなたがたのものだからです
（ルカ6:20）。どんなしもべも二人の主人に仕えることはできません。
…… 一方を重んじて他方を軽んじることになります。あなたがたは、
神と富とに仕えることはできません（ルカ16:13）。天に宝を蓄えな
さい（マタ6:20）。

きよさ

　情欲を抱いて女を見る者はだれでも、心の中ですでに姦淫を犯した
のです（マタ5:28）。

敵を愛する

　悪い者に手向かってはいけません。あなたの右の頬を打つ者には左
の頬も向けなさい（マタ5:39）。自分の敵を愛し、自分を迫害する者
のために祈りなさい（マタ5:44）。

安息日に関して

　人の子は安息日の主です。……人間は羊よりはるかに価値がありま
す。それなら、安息日に良いことをするのは律法にかなっています
（マタ12:8-12）。

食物規定に関して

　口に入る物は人を汚しません。口から出るもの、それが人を汚すの
です（マタ15:11）。

正義とあわれみに関して

　わざわいだ、偽善の律法学者、パリサイ人。おまえたちはミント、
イノンド〔ディル〕、クミンの十分の一を納めているが、律法の中で

はるかに重要なもの、正義とあわれみと誠実をおろそかにしている（マタ23:23）。この民は口先でわたしを敬うが、その心はわたしから遠く離れている（マタ15:8）。

イエスご自身が神殿

イエスは彼らに答えられた。「この神殿を壊してみなさい。わたしは、三日でそれをよみがえらせる。」（ヨハ2:19）

このような教えは、神を中心とする「非常に良い」世界（神の国）を地上に回復するものです。この教えに驚いたユダヤ人は、大勢イエスのもとに集まってきます。

一方、パリサイ派に代表されるユダヤ人は、律法を形式的に守って自分を正しい者としながら、実際は、あわれみも正義も行っていませんでした。また、富を愛し、神ご自身よりも建物にすぎない神殿にむなしい希望を置いていました。世界を祝福するというイスラエル民族に与えられた使命を忘れて自民族中心となり、ユダヤの土地に固執し、怒りに燃え、ローマに対して武器を取ろうとしていたのです。多くのユダヤ人にとって、イエスの教えは、自分たちの在り方を根本から否定するものでした。

C 罪の赦し

イエスは神の国（良い世界）について教えただけでなく、ご自身の権威によって、罪人、取税人、罪深い女、中風の人などの罪を赦しました。そのため、イエスをメシアと信じ、罪の赦しを喜び祝い、感謝をささげる人が起こされていきます。

しかし、一般のユダヤ人にとって、罪の赦しは神殿で祭司を通して得るものです。また、律法を厳格に守ってはじめて、神が民の罪を赦してエルサレムに戻り、イスラエルを再興してくださるはずでした。

つまり、多くのユダヤ人にとって、イエスは「神殿や祭司、また律法遵守を無用とし、自らを神ご自身と等しくした」と映ったのです。それは、パリサイ人にとって神への冒瀆でした。

D まとめ

　イエスの奇跡と教え、また、罪の赦しは、イエスがメシアであるしるしであり、主がついにご自分の民のところに戻って来てくださったことを示しました。罪の故に歪んだ人と世界を、神中心の「良い世界」（神の国）に回復することでもありました。

　この回復のみ業を体験した人々は、悔い改めてイエスをメシアと信じ、罪の赦しを喜び祝い、イエスに従っていきました。

　しかし、多くの宗教的、政治的指導者にとって、イエスの奇跡は悪霊どものかしらによるものでした。また、異教徒のサマリア人や敵であるローマ帝国の支配者を愛することなどは言語道断であり、自分の権威によって罪を赦すのは神への冒瀆だったのです。

　このように、イエスの働きは、ユダヤ人を二つに分けることになりました。

ディスカッション

　イエスの働きに触れたユダヤ人は、イエスの弟子となった者とイエスを拒む者に二分されました。何が二つのグループを分けたのだと思いますか。

11課　二分されたユダヤ人と十字架刑

　イエスはユダヤ人を二分しました。この二つのグループはどうなっていくのでしょうか。

A　イエスを信じた者たち

　イエスは、弟子の中から12使徒を選びました。これは、イスラエル12部族に代わる新たな神の民が形作られることを表しました。彼らは地方を巡回し、同胞のユダヤ人に対してイエスこそがメシアであると伝え、すべてを捨てて迫害の中でもイエスに従うようにと招きました（ルカ12:4-12、14:26、21:12など）。神の国はそれほどの価値があり（マタ13:45-46）、また報いもあると約束しました（ルカ18:29-30）。

　イエスの招きに応じる者がユダヤ全土で増えていき、弟子となった小さな群れが、各地で作られていったと思われます。その多くは、教育もなく、貧しく、虐げられ、罪人と蔑まれていた人々でした。

B　イエスを拒む者たち

　では、イエスを拒んだ者たちは、どうなるのでしょう。

（1）警告

　イエスは悔い改めの招きと同時に、警告も与えました。

　旧約聖書の時代、イスラエルには何人もの預言者が神から遣わされましたが、王も民も悔い改めず、ついに捕囚という辛酸を味わいました。その後、確かに律法を守ろうという熱心さは高まったのですが、それは形だけのものでした。ユダヤの地に戻っても、律法の中心であった神への愛と、人へのあわれみや正義は見られなかったのです。そこで、バプテスマの〔洗礼者〕ヨハネが現れて悔い改めを説き、ヨハネの弟子となる者も起こされましたが（マコ6:29）、パリサイ人に代表される多くのユダヤ人はその声に聞こうとはしませんでした（ルカ7:29-35）。

　そのようなイスラエルに対して、神は預言者たちの後に、ついにご自身のひとり子であるイエスを送り、最後の悔い改めの機会を与えました。

イエスは、ユダヤ人に対して、「自分たちの神の国に関する考え方を捨て、私をメシアと信じよ。さもなければ、エルサレムとユダヤは、ソドムとゴモラのような壊滅的なさばきに遭う」と警告しました（マタ10:5-15、ルカ13:34-35、19:41-44など）。

（2）イエスを拒む者による処刑

　ユダヤ人の指導者は、この警告に耳を傾けませんでした。彼らにとってイエスの示した「神の国とメシア」は、自分たちの信仰を否定し、ユダヤ人としての誇りを失わせるものでした。しかも、イエスに従う者が次第に増えているので、このままでは、律法と神殿がないがしろにされ、ついには、自分たちの国が立ち行かなくなると考えたのです。彼らは、怒り、恐れ、ねたみ、そして殺意にかられ、ついにイエスを逮捕します。

　法廷に引き出されたイエスは、処刑を避けようとはしませんでした。それは、イエスが何度も予告し、たとえや象徴的な行為で伝え、過越の食事でも示し、ゲッセマネの園で祈ったように、人々の罪のために命を捨てようとしていたからです。

　結局、ユダヤ人の指導者は、「民を惑わし、ローマに反逆する自称王・メシア」として、イエスをローマ総督ピラトの手に渡しました（ルカ23:1-2参照）。ピラトはユダヤ人指導者の圧力に負け、あるいは、暴動などに発展した場合の責任を避けようとして、イエスの処刑を許可します。罪状書きは、帝国への反逆を意味する「ユダヤ人の王（メシア）」でした。

（3）壊滅的な滅亡

　ユダヤ人の多くは、自分たちのために遣わされた方を拒絶し、悔い改める最後の機会を失いました。その結果、約40年後には、その刈り取りをすることになります。それは、民族史上最悪の壊滅的な滅亡となり、イエスの警告が正しかったことが証明されることになります。

　p.39コラム「ユダヤ戦争」参照。

🌀 ディスカッション 🌀 ....

　イエスをメシアと認めることができなかった指導者たちが、ついに殺意さえ持つに至ったのはどうしてでしょう。

12課　つまずきの十字架、復活、大宣教命令

A　つまずきの十字架

　人々は、異教徒を滅ぼすはずのメシアが、逆に異教徒に殺されたのを見ました。そして、「イエスは、現れては消えていった過去の自称メシアと同じだった」と考えました。十字架の死は、ユダヤ人にとってはつまずきだったのです（Iコリ1:23）。

　弟子たちは、「イエスはメシア」と信じたものの、彼らのメシア像は、一般のユダヤ人とさほど変わりませんでした。イエスが王となったときに、その王国の高官になりたいと願っていたような弟子たちでしたから（マタ20:21）、イエスが捕まった時には逃げ出し（マタ26:56）、イエスの死後は、ユダヤ人を恐れて身を隠しました（ヨハ20:19）。エマオに向っていた二人の弟子たちも「この方こそイスラエルを解放する方だ、と望みをかけていました」（ルカ24:21）と、望みが絶たれた自分たちの思いを言い表しています。

　「イエスこそイスラエルを贖ってローマから解放し、国を再興してくださる王、メシアだと期待していたのに、違ったのか。」これが、イエスの死に直面した弟子たちの思いでした。

B　イエスの復活

　ところが、そのように意気消沈していた弟子たちを一変する出来事が起こります。それは、イエスの復活です。弟子たちの目の前に、よみがえられたイエスが現れ、確かに生きていることを彼らに示しました。復活によって、イエスが真のメシアであることが示されました（ロマ1:4）。

C　大宣教命令（マタ28:18-19）

　復活したイエスの指示でガリラヤに行った弟子たちは、イエスと会いました。その時、イエスは、次のように語りました。

わたしには天においても地においても、すべての権威が与えられています。ですから、あなたがたは行って、あらゆる国の人々を弟子としなさい。父、子、聖霊の名においてバプテスマを授け、わたしがあなたがたに命じておいた、すべてのことを守るように教えなさい。見よ。わたしは世の終わりまで、いつもあなたがたとともにいます。（マタ28:18-20）

つまり、世界の主であるイエスは、「行って、バプテスマを授け、イエスの命令をすべて守るように教えることにより、あらゆる国の人々を弟子とせよ」と命じたのです[1]。

イエスの命令とは、山上の教えにあるように、神に信頼し、愛によって隣人に仕えていくことです。イエスは命じただけでなく、それを実践しました。大宣教命令の中心は、まず弟子自らがイエスに従って生き、そして、イエスに従って生きる弟子を世界中に生み出すことです。

信仰と愛と正義に満ちた共同体で世界を満たすという、創世記1:26-28に記された人類の使命、そして「非常に良い世界」が、この大宣教命令によって回復されることになります。

ディスカッション

大宣教命令と創世記1:26-28の人類の使命は、どのように関わっていると思いますか。

---

[1] 「行く」、「バプテスマを授ける」、「教える」は分詞であり、主動詞である「弟子とする」を達成する方法を示しています。

13課　聖霊によって悟る弟子たち

A　理解できない弟子たち

　イエスは、ご自分が生きていることを弟子たちに示し、四十日に
わたって神の国のことを語りました。しかし、弟子たちの理解は、まだ
不十分です。

　エルサレムに戻った弟子たちは、イエスに「主よ。イスラエルのため
に国を再興してくださるのは、この時なのですか」（使1:6）という質問
をしています。彼らにとって、「イスラエルを国家として再興し、世界
を治める」というメシアの業（わざ）は、十字架の死によって頓挫（とんざ）したように
見えました。ですから、復活した今こそ、それを成し遂げてくださると
考えたのです[1]。

　ところが、弟子たちの期待に反して、イエスは彼らが見ている間に天に
上げられ、その上、御使いが現れて、イエスが再び天から来ると告げま
した（1:9-11）。

　弟子たちは、メシアの死の意味も、また復活の意味も十分に分から
ないばかりか、イエスが期待に反して彼らから離れていったことで、
いったい何が起こっているのか、また再臨（さいりん）の約束が何を示しているか
理解できなかったことでしょう。弟子たちは、この一連の出来事に当惑
していたことが想像できます。

　しかし彼らは、イエスに命じられたようにエルサレムを離れずに祈っ
ていました（使1章）。すると、そのような弟子たちを根底から変える
出来事が起こりました。それが聖霊降臨（せいれいこうりん）です。

---

[1] この弟子の疑問に対してイエスは「イスラエルを再興しない」とは答えず、
　「弟子たちが地の果てにまで証人となる」と答えています（使1:7-8）。イスラ
　エルの再興は、ユダヤ人や弟子たちが期待した方法ではなく、思わぬ形で実現
　していくことになります（p.46参照）。

B 聖霊降臨

　五旬節（五旬祭、ペンテコステ）の時、弟子たちがエルサレムで祈っていると、大きな響きが起こり、炎のような舌（した）が分かれて現れ、弟子たちの上にとどまりました。すると、皆が聖霊に満たされ、他国の色々な言葉で話し始めました。

　聖霊が与えられたことにより、弟子たちはユダヤ人を恐れなくなっただけではありません。イエスに関して正しい理解を深めていきます。そのことが最初に明らかになるのは、ペテロが語った説教です。

C イエスはメシア

　ペテロは、ペンテコステの時にエルサレムに集まっていたユダヤ人に対し、「神は、イエスがメシアであることを奇跡によって示したが、あなたがたはそのメシアを十字架につけて殺した」と迫りました（使2:22-23、36参照）。そして、旧約聖書を引用して、メシアがよみがえったことを告げ、「私たちはみな、そのこと（復活）の証人です」（使2:32）と述べます。

　そして、弟子たちが各地で伝えた宣教の中心は、「イエスがメシア（ギリシア語でキリスト）である」というメッセージでした（使5:42、9:22、17:3、18:5、18:28）。

D 昇天し、世界の王とされたイエス

　弟子たちは、神の右に上げられたイエスが、メシア、また主権者として全世界を治め、導いておられることを理解しました（使2:33）。イエスのおられる神の右の座は、神の権威と力が委（ゆだ）ねられ、神の業（わざ）を実行する立場を表します（詩110）。当時のユダヤ人が思い描いていたメシア像、「イスラエルの王による、政治的・軍事的な支配」とは異なりますが、旧約聖書が語ったとおりに、メシアであるイエスは世界の王となられたのです。

E 再臨

　また、再臨の約束についても理解が深まります。ペテロは「使徒の働き」3章で、次のように述べました。

> **そうして、主の御前から回復の時が来て、あなたがたのためにあらかじめキリスト（メシア）として定められていたイエスを、主は遣わしてくださいます。このイエスは、神が昔からその聖なる預言者たちの口を通して語られた、万物が改まる時まで、天にとどまっていなければなりません。（使3:20-21）**

　確かにイエスはメシアである。今は天にとどまっているけれども、神はもう一度イエスを遣わしてくださる。それが回復の時であり、預言者たちが語った「万物が改まる時」なのだ、とペテロは語ります。

　「聖なる預言者」の一人、イザヤはこの「万物が改まる時」を語りました。8課の「メシアによる回復の希望」で学んだように、改まった地上には正義が住み、戦争も、搾取も、貧しさもなくなる。豊かさと喜びで地上が満たされる。自然界も本来の姿に回復する、それが一時的ではなく、永遠に続くとイザヤは語りました。

　弟子たちは、万物が改まる時、すなわち、イエスの再臨を待ち望むようになりました（ピリ3:20）。

F まとめ

　弟子たちは、聖霊の働きにより、イエスがメシアであることの意味、昇天して世界の王とされたこと、そして、万物が改まる時に再臨することを理解するようになりました。

🌸 ディスカッション 🌸

　旧約聖書を聞いて育ち、イエスと旅をし、寝食を共にしながら教えを聞いてきた弟子たちが、みことばを理解できたのは、聖霊の働きがあったからでした。そのことは、今、聖書を読む私たちに何を語っているでしょうか。

== コラム ==

「ユダヤ戦争」

　ユダヤ人は、紀元68年にローマに反旗（はんき）をひるがえしました。しかし、その結果、70年には、エルサレムに立てこもっていた100万とも言われたユダヤ人はローマ兵によって殺され、町と神殿は徹底的に破壊されました（第一次ユダヤ戦争）。この時、イエスの教えに従い（ルカ21:21など）、事前にエルサレムを離れたユダヤ人キリスト者は助かったと言われています。神殿はその後、再建されることなく今に至っています。

　133年には、バル・コクバが、当時のユダヤ教の指導者ラビ・アキバによってメシアと認められ、ローマに対する大規模な反乱を始めました。ユダヤは一時、独立しましたが、その反乱も135年に鎮圧（ちんあつ）されます（第二次ユダヤ戦争）。この戦争の結果、国土は荒廃し、人口は激減、ユダヤ教は徹底的に弾圧され、ユダヤ州も消滅することになりました。

== コラム ==

「神のかたちの回復」

　私たちは「神のかたち」、全地を正しく治める王、として造られましたが、神に背いて暴君となってしまいました。しかし、罪のないイエスが真の「神のかたち」として来て（IIコリ4:4、コロ1:15）、全地の王として世界を治め始めました。キリスト者は、御子と同じ姿になるように計画され（ロマ8:29）、聖霊によって「神のかたち」、主と同じかたちに変えられていきます（IIコリ3:18、コロ3:10）。つまり、全地を正しく治める王、「神のかたち」としての働きが、現在、回復されつつあり、新しい地上でイエスと共に王となる時には、それが完成するのです（黙22:1-5）。

14課　十字架の意味

　弟子たちが聖霊によって理解を深めた重要な点は、十字架の意味です。ユダヤ人にとってイエスの死は、イエスがメシアでなかったことの証拠であり、弟子たちも落胆していました。しかし弟子たちは、十字架の死が罪の問題を解決するためだった、と分かってきました。

　イスラエルと世界が本来の姿からそれてしまったのは、罪のためでした。そこで、本来の良い姿に回復するためには、罪の問題を完全に、徹底的に解決しなければなりません。メシアは「私たちの罪のために」苦しまなければならなかったと、弟子たちは語り始めます（Ⅰコリ15:3、ガラ1:4、ヘブ10:12、Ⅰヨハ2:2など）。では、「罪のために」とは、具体的にどのような意味でしょう。

A　罪の赦しのため

　旧約聖書の時代から、罪の赦しがなければ、神の恵みと祝福を受けて、神と共に、神の民として生きることはできませんでした。また、捕囚の後、主がエルサレムに戻られるときには、主はイスラエルを贖い、民の罪を赦して、イスラエルを再興すると預言されていました。そこで、ペテロは同胞のユダヤ人に対して、罪が赦されるために、悔い改めてイエスをメシアと信じ、真の神の民に加わるようにと勧めました（使2:38、3:19、5:31）。つまり、地上で真の神の民として歩むためには、罪の赦しが必要なのです。

　イエスは十字架で流したご自身の血によって永遠の贖いを成し遂げたので（ヘブ6:20、9:12）、信じる者は罪が赦され（コロ2:13-14）、義と認められます（ロマ5:9）。イザヤ書の苦難のしもべの預言のとおりです（p.24）。

B　罪と悪魔の支配から解放されるため

　イエスの死には、別の大切な目的がありました。十字架の血は「私たちの良心をきよめて……神に仕える者と」するため（ヘブ9:14）、「私たち

が罪を離れ、義のために生きるため」(Iペテ2:24)、「私たちがもはや罪の奴隷でなくなるため」(ロマ6:6)、「むなしい生き方から贖い出され」(Iペテ1:18-19)、「暗闇の力から救い出」されるためでした(コロ1:13)。つまり、十字架は、私たちが真の敵である罪と悪魔の支配から解放されるためでした。その結果、本来の「神のかたち」(全地の王)が回復され、良い世界が生み出されるのです[1]。

C 死に勝利してよみがえるため

アダムが罪を犯したので、すべての人が死んで土に帰ることとなりました(創3:19、ロマ5:12-14)。しかし、キリストの恵みの故に、信じる者には永遠のいのちが与えられ(ロマ5:17-18、6:23)、終わりの日に肉体をもってよみがえります(ヨハ6:39-40、51-54)。イエスの十字架は、死に対して復活という勝利を与えることで(Iコリ15:54-57)、死の問題をも解決しました。

D 全被造世界のため

イエスの十字架は、人間のためだけではありませんでした。全被造世界が、地にあるものも天にあるものさえも、神と和解させられるのだという壮大な意味もあります(コロ1:20)。人の罪によってもたらされた呪いから、全被造世界が解放されることになります。

E まとめ

十字架上の死は、イエスがメシアでなかったことの証拠ではなく、メシアの業の頓挫でもありませんでした。それとは逆に、十字架は、罪がもたらした全ての問題を完全に、そして徹底的に解決したのです。

---

[1] p.2「1課B 神のかたちとして造られた人」、p.39コラム「神のかたちの回復」
参照。

F 13-14課のまとめ

　復活のイエスと出会っても理解が不十分であった弟子たちは、聖霊を受けて変化していきました。彼らは、イエスがメシアである意味をより深く理解し、イエスの苦しみは、罪の問題を解決するためだったことを悟りました。そして、天に昇ったイエスが、神の右の座について天地を治め始めたことが分かったのです。

　イエスは、十字架のみ業に基づいて、全被造世界を本来の非常に良い姿に回復しようとしています。それでは、天におられるイエスは、どのように、地上で神の国を広げ、世界を回復していくのでしょうか。

◀ ディスカッション ▶ ⋯⋯⋯⋯⋯⋯⋯⋯⋯⋯⋯⋯⋯⋯⋯⋯⋯⋯

　十字架の意味について一番心に残ったことは何でしたか。それは、私たちの生き方にどのような影響があるでしょうか。

コラム

「教会と神の国」

　旧約聖書の律法は、創造本来のあるべき姿を指し示すものです（5課）。律法には貧しい者を助けるための様々な戒め（いまし）が含まれていましたが（p.11の2）、イスラエルはそれを実行することができませんでした。

　しかし、ペンテコステの時に聖霊を受けたエルサレムのユダヤ人キリスト者は、聖霊に満たされて愛し合い、互いの必要に応えていったので、乏しい者がいなくなりました（使2-4章）。教会は、聖霊によって愛を実践することができたのです。キリスト者が愛し合い、聖霊の賜物をもって互いに仕え合うことは（Iコリ12-13章）、キリストの弟子であることを世に示すだけではなく（ヨハ13:35、使2:46-47）、創造本来の共同体の在（あ）り方を表すことになります。

　しかし、愛の実践は、教会内部にとどまりませんでした。教会は、その

歴史の中で、福音を伝え、貧しい人や苦しんでいる人に仕え、不正と戦ってきました。それは、キリストのからだである教会が、キリストの手足として、キリストが望まれる世界を目指してきたからです。教会は、多くの過ちを犯しながらも、全体としては「人々が神を崇め、互いに愛し合い、被造世界を正しく治めるよい世界（神の国）」を回復してきたのです。

=== コラム ===

「中間状態」

　死後から復活までの状態を中間状態と呼びます。キリスト者は死後、神のみ手のうちに安らいでいることでしょう。しかし、実際にどこにいてどのような状態でいるかに関しては、諸説あります。「土に帰っている」、「地下で眠っている」（よみ〔陰府〕）、「天に魂だけがいる」などです。私たちは、そのうちの一つの説が絶対に正しい、と言うことはできません。中間状態は、救いにかかわる中心的な教理ではなく、また、聖書は明確に教えていないからです。

　聖書が明確に教え、強調しているのは中間状態ではなく、その後の復活です。なぜならば、中間状態は上記のどの説をとったとしても、一時的で不完全な中間の状態であり、復活にこそ、救いの完成があるからです。復活というのは、霊魂が天にいくことの別の表現ではなく、肉体が実際によみがえることです。聖書はからだのよみがえりを強調し、私たちも使徒信条で告白しています。これはキリスト教の中心的な教理です。

　キリスト教国では墓石に「平安のうちにここに眠る（Rest in Peace）」などと刻まれているのを見ますが、それは、主イエスが再び来られるときに目覚める、すなわち、よみがえって再会できるという希望の表れなのでしょう。

　神は人間を、肉体を持つ良いものとして地上で造られました。私たちには中間状態の詳細は分かりませんが、私たちを愛する神は、私たちを死んだままにはせず、地上に復活させてくださるのです。

15課　聖霊により、弟子を通して広がる神の国

　イエスは、聖霊により、弟子たち（キリスト者）を通して、神の国を広げ、良い世界を回復していきます。

A　聖霊により

　旧約聖書の歴史を通して明らかになったのは、神の民でさえも、律法を守るための信仰や愛がなかったことです。律法は民の罪を明らかにすることしかできませんでした（ロマ3:20）。そこで、旧約聖書も（ヨエ2:28-32〔3:1-5〕）、イエスも（ヨハ20:21）、民の上に聖霊が降ると約束しました。聖霊は信仰者の内に住み、律法に表された神の御旨を実行できるように助けてくださるのです（ロマ8:3-4、ガラ5:22-23）。

　五旬節（ペンテコステ）の時に、その約束が果たされました。聖霊を受けた弟子たちは、使徒たちの教えを守り、交わりを持ち、パンを裂き、祈りをするようになりました。神を賛美し、愛し合い、互いの必要に応えていったので、乏しい者がいなくなりました（使2-4章）。「心が改まり、律法を行えるようになる」という預言（エレ31:33、エゼ36:26-27など）の成就です。キリスト者は聖霊によって神のかたちが回復され、世界を回復することができるように変えられるのです[1]。

B　キリスト者とその共同体である教会を通して

　その変化は、どのようなプロセスを通るのでしょうか。

　イエスもパウロも、「私たちを罪人のままで受け入れ、赦し、癒し、養い育ててくださる父なる神の愛」を示しました。そして、その愛を信じ、憩い、喜ぶように教えました。無条件の神の愛は、キリスト者生活の変わることのない土台です。一生をかけて、その深さと広さを味わっていくものであり、それにつれて私たちは、癒され、自由にされ、人（神のかたち）として回復されていきます。

　同時に、イエスは「悔い改めよ」と命じ、財産も家族も命さえも捨て

---

[1] p.39コラム「神のかたちの回復」参照。

て従うようにと教えました。パウロも同様に、まず、神の愛に応えて自ら
を神に献げること、次に、罪に背を向けて、考え方や価値観[1]を新たに
するように教えました。すると、神に喜ばれることが何であるかを判別
できるようになると述べています（ロマ6:19、12:1-2）。

　つまり、イエスもパウロも

　　無条件の神の愛を深く味わっていき、（神の愛）

　　その愛に応えて、自らを神に献げ、　（献身）

　　罪に背をむけて自分を変え続ける　　（変革）

という歩みを教えたのです。

　献身と変革の歩みには、闘いと苦しみが伴います[2]。失敗を繰り返す
ことにもなるでしょう。しかし、神の愛に立ち返りつつ、献身と変革の歩み
を積み重ねていくならば、キリスト者は成長します。それはちょうど、
反復練習によって楽器を奏でることができるようになり、鍛錬によって
スポーツに秀でていくのと似ています（Iテモ4:7-8）。

　神の愛をより深く味わいながら、自らを神に献げ、自己を変革してい
く、そのようなキリスト者とその共同体である教会が、聖霊の実を結び、
その品性が練られて（ロマ5:3-4）、山上の教えを実践できるように変え
られ、神の国が広がっていきます[3]。昇天されたイエスが聖霊を送って
くださったのは、イエスご自身がこのすべてのプロセスにおいて、聖霊
によって助け導くためでした。ですから、キリスト者は、個人としても、
共同体である教会としても、生活のすべての面において、聖霊の助けを
神に祈り求めつつ前進していきます。

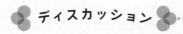 **ディスカッション**

　キリスト者の側に献身と変革の努力が必要であることと、聖霊に
よって変えられることは矛盾しないのでしょうか。

---

[1] ロマ12:2で「心」と訳されたギリシア語「ヌース」は、考え方や価値観を意味します。
[2] キリスト者は、罪の奴隷ではなくなりましたが、罪との闘いが終わったわけ
　　ではなく、悪魔の支配から解放されましたが、悪魔の誘惑や妨げがなくなった
　　わけではありません。それに加え、歴史を通してキリスト者と教会は迫害に
　　直面してきました。
[3] p.42コラム「教会と神の国」参照。

16課　神の国（良い世界）を広げるキリスト者

　神の愛に応えて自らを神に献げ、自分を変え続けるキリスト者と教会によって、神の国（良い世界）は広がっていきます。「使徒の働き〔使徒言行録〕」を見ると、その広がりを見ることができます。

A　イエスを信じるユダヤ人を通して

　ペテロは、「使徒の働き」3章のユダヤ人への説教の中で、「あなたがたは世界を祝福するアブラハムの子孫だ」と語り、その本来の使命を全うするよう迫りました（使3:25-26）。イエスをメシアと信じたユダヤ人は、12使徒を中心とした新しい神の民を形成しました。真の「イスラエルの再興」です。

　その後の「使徒の働き」には、

　　　　1. この新しいイスラエルが、ローマ帝国各地に出て行って増え広がり、（民の増加）
　　　　2. 各地で異邦人に祝福をもたらしていった様子が描かれています。（異邦人への祝福）　そして、
　　　　3. 回心した異邦人を含む新しいイスラエルは、ユダヤの地に限定されずに、世界宣教を通して全世界を相続する（治める）ようになり、それは再臨によって完成することになります[1]。（約束の地の相続）

　これは、アブラハムに与えられた三つの約束の成就とも言えるでしょう（4課参照）。

　新しいイスラエルとして世界に祝福をもたらしていったユダヤ人の一人がパウロです。パウロは「ユダヤ人にもギリシア人にも、神に対する悔い改めと、私たちの主イエスに対する信仰を証しし」（使20:21）、異邦人がイエスをメシア、そして主（キュリオス）と信じ、従うように導きました。

---

[1] イスラエルの民がカナンの地（パレスチナ）を相続するという旧約聖書の約束は、新しい神の民が世界を相続する、つまり、世界が神の国となることによって成就します。ロマ4:13-14、8:17参照。

B イエスを信じる異邦人を通して

当時、ローマ帝国内で主（キュリオス）と言えば、帝国を異民族から守り、生活を隅々（すみずみ）まで支配する皇帝を指しました。日々の生活で、主（キュリオス）である皇帝の保護と支配を感じていた異邦人キリスト者に向かって、パウロは次のように書いています。

> それは、イエスの名によって、天にあるもの、地にあるもの、地の下にあるもののすべてが膝（ひざ）をかがめ、すべての舌が「イエス・キリストは主（キュリオス）です」と告白して、父なる神に栄光を帰するためです。（ピリ2:10-11）

ローマ皇帝ではなく、イエスこそが全世界を守り治める、まことの主（キュリオス）である、だから、このイエスに従う生活をせよ、とパウロは異邦人に向かって命じ（ロマ12:1-2、15:16-19）、イエスの再臨も語りました（Iコリ11:26、Iテサ4:13-18、5:23）。

パウロにとっての宣教の目的は、すべての異邦人が悔い改めてイエスを主（キュリオス）として従う生活を始めること、すなわち、神の国（良い世界）を世界中に広げることでした（ロマ1:5、15:18-19、16:25-26）。イエスを信じた異邦人も、信仰によるアブラハムの子孫、真のイスラエルとなって（ロマ4章）、他の異邦人を祝福する器となります。

主イエスは、聖霊により、弟子たちを通して、神の国（良い世界）を広げていきました。「使徒の働き」は、パウロがローマに着いた時点で閉じられていますが、その後も、主は、大宣教命令（世界宣教）に従うキリスト者とその共同体である教会を通して、メシアの働きを継続し、現在に至っています。

🌸 ディスカッション 🌸 ....

パウロの地中海宣教の目的は何でしたか。ロマ15:18-19とこの課で学んだことから考えましょう。私たちの伝道の目的は何でしょう。

17課　万物の刷新

　キリスト者は、聖霊の助けによって神の国（良い世界）を広げていきます。そして、主イエスの再臨を待ち望んでいます。その時何が起こるのかを、簡単に、黙示録から確認していきましょう。

　黙示録には千年王国の記述があり、その解釈は教派によって違います。しかし、すべての正統的な教派は、人の復活、最後の審判、そして万物が改まることを信じ告白していますので、その共通点に注目しましょう。

A　人の復活、最後の審判、義認（黙示録20章）

　黙示録20:11-15によると、世の終わりに死者がよみがえり[1]、行いに応じて裁きを受けることになります。その時、イエスを信じた者には、弁護してくださる主イエス・キリストがいます。神は、キリストへの信仰〔キリストの真実〕により私たちを義と宣告され（ロマ3:21-22）、私たちは、新たにされた地上で生きることが許されます。

B　万物の刷新（黙示録21、22章）

　その新たにされた地上とはどのようなところでしょうか。

（1）神が地上で共にいてくださる

　天地創造の時、神はエデンの園で、アダムとエバと共に歩まれました（創3:8）。旧約の時代、神は地上の幕屋をご自身の臨在の象徴とされました（I列8:29）。新約聖書によると「ことば（イエス）は人となって、私たちの間に住まわれた」（ヨハ1:14）とあります。現在、イエスは聖霊によりキリスト者のうちにいてくださいます（ロマ8:8-11）。そして世の終わりには、新しいエルサレムが天から地に降りて来て、神が私たちの目の涙をぬぐい取ってくださり、いつまでも地上で共にいてくださいます（黙21:2-4）。

---

[1] 死後から復活までの人の状態については、p.43コラム「中間状態」参照。

(2) いのちの木

　エデンの園にあった「いのちの木」は、罪を犯したアダムとエバから隠<ruby>隠<rt>かく</rt></ruby>されましたが（創3:22-24）、新たにされた地上には、「いのちの木」が回復されます（黙22:2）。

(3) 神のかたちの完成

　アダムとエバは「神のかたち」に造られました。それは、目に見えない神の、目に見える代理人として全世界を正しく治める王を意味しました（1課B）。現在、キリスト者は、聖霊によって、「神のかたち」が回復されつつあります（14課B、p.39コラム「神のかたちの回復」）。そして世の終わりには、キリスト者はよみがえり、新たにされた地上を「世々限りなく王として治める」ことになります（黙22:5）。全地は、神を愛し、愛と正義に満ち、自然との調和（ちょうわ）の中で生きる共同体によって覆（おお）われ（創1:28）、それが永遠に続きます（イザ66:22）。「神のかたち」としての人類の完成です。

(4) 被造世界全体の完成

　被造世界全体も、神に愛されて造られ、「非常に良かった」と言われました。そして、ノアの契約に入れられ（創9:9-16）、御子によって和解させられます（コロ1:20）。現在、被造物は、人間の罪の故にうめき、苦しんでいますが、その時が来ると、滅びの束縛（そくばく）から解放されます（ロマ8:18-22）。その日は万物の完成の日です。神は世界を造り、世界を贖（あがな）い、世界を完成させるお方、全被造世界の賛美を受けるにふさわしいお方です。

💮 ディスカッション 💮 ・・・・・・・・・・・・・・・・・・・・・・・・・・・・

　エデンの園と新しくされる世界との共通点で、心に残ったのは何でしたか。

18課　おわりに

　私たちは、神のご計画の全体像を学んできました。その中心は、主イエス・キリストです。今も主は、十字架のみ業（わざ）に基づき、聖霊により、キリスト者と教会を通して、良い世界を回復しておられます。

　神を崇め、互いに愛し合いながら、創造性豊かに地を治めていくこと。それは、工夫しながら掃除をし、心を込めて食事を整えること。良い芸術（美術、音楽、文学、ファッションなど）を楽しみ、また生み出すこと。良い物を作り、誠実にかつバランスよく働くこと。環境と正義を考慮した消費生活をし、より良い社会を求めて投票し、貧しい人や苦しんでいる人を助けること。被造世界の美しさを喜び楽しみ、友と遊び、笑うこと。
　そのような日々の歩みは、良い世界を回復しているのです。創造本来の在（あ）り方と、将来完成する世界を人々に指し示し、イエスご自身を目に見える形で表すことでもあります。

　しかも、私たちの手の業（わざ）と労苦は無駄ではなく（Iコリ 15:58）、来る日には悪をきよめる火をくぐり（Iコリ 3:10-15）、新しくされた地上に何らかの形でもたらされることでしょう。それはちょうど、ノアの洪水の後に現れた山々、萌え出た草木のようなものかもしれません。

　神は、この小冊子を読んでこられたお一人お一人が、この歩みに加わるように招いておられます。

ディスカッション

　主にあるどのような営み（いとな）も、来るべき世界を指し示し、しかも、永遠の価値があると言われています。私たちはこのことをどう思いますか。日常生活にどのような影響があるでしょう。

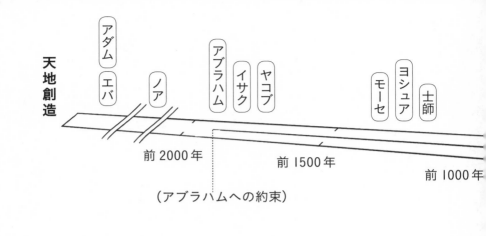

天地創造

アダム
エバ

ノア

アブラハム
イサク
ヤコブ

モーセ
ヨシュア
士師

前2000年　　　　　前1500年　　　　　前1000年

（アブラハムへの約束）

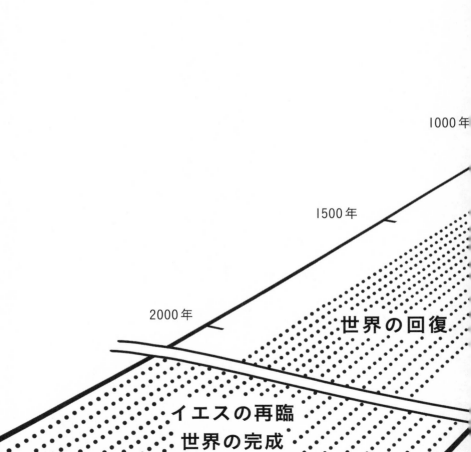

1000年

1500年

2000年

世界の回復

イエスの再臨
世界の完成

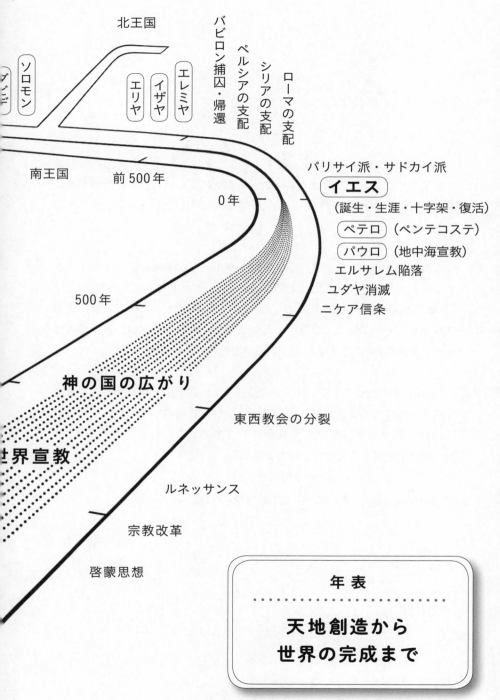

北王国

ソロモン

エリヤ
イザヤ
エレミヤ
バビロン捕囚・帰還
ペルシアの支配
シリアの支配
ローマの支配

南王国　　前500年

0年

500年

パリサイ派・サドカイ派

イエス
（誕生・生涯・十字架・復活）
ペテロ　（ペンテコステ）
パウロ　（地中海宣教）
エルサレム陥落
ユダヤ消滅
ニケア信条

神の国の広がり

東西教会の分裂

世界宣教

ルネッサンス

宗教改革

啓蒙思想

年表
. . . .
**天地創造から
世界の完成まで**

53

「聖書を読む会」について

　「聖書を読む会」の働きは、戦後まもなく来日した二人の米国人宣教師から始まりました。二人は大学生や地域の女性たちのために、聖書を共に学べる質問集（手引）を作成し、また、英語の手引を翻訳・出版し始めたのです。

　この働きは徐々に広がり、手引を使うグループが各地に起こされていきました。ボランティアとして活動に参加する方々も加わり、1980 年には「聖書を読む会」が組織されました。2016 年からは、日本人著者によるオリジナル手引の制作・出版をしています。これらの手引は、日本国内はもとより世界各地で使われ、人々の救いと成長のために用いられています。

　「聖書を読む会」は、はじまりから今日まで、諸教会と主にある兄弟姉妹に支えられてその働きが続いています。手引を低価格で提供できているのは、制作費や必要経費などが献金によってまかなわれているためです。この働きを継続するためにご協力ください。

（郵便振替口座番号：00180 - 9 - 81537　聖書を読む会）

手引のためのガイドブック

神のご計画 ―世界の創造から完成まで― 定価（本体 500 円＋税）

初　版　2020 年 2 月 1 日　発行
第 2 刷　2024 年 2 月 1 日　発行

編集・発行　　聖書を読む会

〒 101-0062
東京都千代田区神田駿河台 2-1 OCC ビル内
https://syknet.jimdo.com/　sykoffice21@gmail.com

表紙デザイン　yme graphics　三輪 義也

印　　　刷　（宗）ニューライフ・ミニストリーズ 新生宣教団